LETTRES

D'UN AVOCAT

A UN PUBLICISTE,

A l'occasion de la prochaine Assemblée des Etats Généraux du Royaume.

Quæramus de Institutis rerum publicarum, ac de optimis Legibus, aliquid uberius quàm forensis usus desiderat.

Cherchons dans les rapports des Institutions Politiques & dans les Elémens des meilleures Loix, des connoissances plus approfondies que n'en exige l'exercice du Barreau. CICERON, *des Loix, liv. 1.*

1788.

» Il y a quelque chofe de fi majeftueux dans
» la recherche pure & fincere du bien public ;
» elle femble entourée de tant d'appuis connus
» & inconnus, qu'il y auroit de la foibleffe à
» ne pas s'y livrer avec confiance ». *Difcours de*
M. NECKER à l'ouverture de l'Affemblée des
Notables de 1788.

PREMIERE LETTRE.

J'Aurois désiré , Monsieur , que dans cette occasion délicate , autant que solennelle , où les plus grands intérêts occupent ou agitent tous les esprits , & vont devenir la matiere des discussions les plus importantes dans l'Assemblée la plus nationale qui ait jamais été formée dans l'Empire François , vous eussiez voulu nous communiquer vos pensées , au moins sur quelques-uns des points principaux que tant d'Ecrivains mettent en controverse par le ton seul d'assurance que chacun prend dans ses assertions , & par l'abus qu'ils font évidemment , les uns ou les autres , des loix & des faits dont ils les appuyent. Votre patriotisme eût mis dans votre style cet intérêt , cette chaleur de sentiment , cette énergie d'expression , sans lesquels les vérités les plus simples & les plus utiles ont tant de peine à prévaloir, même dans des tems éclairés , lorsqu'elles ont à lutter contre des préjugés établis & accrédités par l'esprit particulier. Vos lumieres eussent débrouillé ce chaos d'idées incohérentes qu'une érudition quelquefois empruntée, souvent mal digérée, semble avoir pris à tâche d'épaissir : & dans ce conflit d'opinions contradictoires enfantées tour à tour par l'esprit de fyfteme ou de parti, votre raifon eût été notre guide, & votre impartialité notre modele.

Dans les circonftances préfentes, ce fecours & cet exemple nous feroient venus bien à pro-pos. C'eft un fpectacle vraiment affligeant pour un bon François que ce vertige de républicifme, cette efpece d'anglomanie exaltée, qui brouillent & travaillent tant de têtes, & font tourner à la honte & au détriment de la Nation des talens qui auroient pu l'honorer & la fervir.

Il s'agit de la convocation prochaine *d'une Affemblée vraiment nationale, par fa compofition, comme par fes effets.*

Quel eft le fruit que le Roi s'en promet? *La régénération du bonheur public & l'affermiffement de la puiffance de l'Empire François.*

Quels moyens emploie-t-il pour produire un fi grand effet? Il prend toutes les mefures capables de prévenir les difficultés & les inconvéniens *qui pourroient mettre du trouble & de la confufion* dans l'Affemblée, & *empêcher la Nation d'être fuffifamment repréfentée.*

Il veut être inftruit des *anciennes formes* de convocation; non pour les fuivre aveuglément, car il s'agit d'objets trop importans pour les foumettre au joug des formes; non pour leur en fubftituer de nouvelles fans difcuffion ni examen; car pourquoi s'en écarter fi elles peuvent fe concilier avec ſes vues ? Mais pour les adopter ou les rejeter , ſelon qu'elles ſeront ou ne ſeront pas *applicables au tems préſent* , ſelon que leurs diſpoſitions ſeront ou ne ſeront pas *conformes à la raiſon & aux vœux légitimes de la plus grande partie de la Nation.*

- Il veut que tous les dépôts ſoient conſultés, que les Corps nationaux , c'eſt-à-dire, les Etats provinciaux & les Aſſemblées provinciales, après avoir délibéré librement ſur les réſultats des recherches faites dans les archives des Villes & des Provinces , *forment un vœu commun* & le lui adreſſent.

Il invite tous les bons citoyens à concourir à l'exécution d'un ſi grand deſſein.

Il fait plus, & voulant *que les Etats généraux ſoient compoſés d'une maniere conſtitutionnelle ;* déſirant *de préparer à l'avance les voies qui peuvent conduire à cette harmonie , ſans laquelle toutes les lumieres & toutes les bonnes intentions deviennent inutiles ,* il croit *ne devoir pas reſſerrer dans ſon Conſeil l'examen d'une des plus grandes diſpoſitions dont le Gouvernement ait jamais été appellé à s'occuper :* il aſſemble autour de lui ces mêmes *Notables* qui ont déjà ſi bien mérité de la Patrie : il leur fait communiquer tous les renſeignemens qui lui ſont parvenus ſur la conſtitution des précédens Etats généraux & ſur les for-

mes qui ont été suivies pour la convocation &
l'élection des membres de ces Assemblées nationales ; il les réunit *pour délibérer uniquement
sur la maniere la plus réguliere & la plus conve-
nable de procéder à la formation des Etats généraux de 1789.*

Et qu'attend-il d'eux ? *Que sans doute ils don-
neront leur avis avec la noble franchise que l'on
doit naturellement attendre d'une réunion d'hommes distingués & comptables uniquement de leur
zele pour le bien public.*

Que doivent-ils attendre de lui ? *Il apperçoit
plus que jamais le prix inestimable du concours
général des sentimens & des opinions : il veut y
mettre sa force : il veut y chercher son bonheur ;
& il secondera de sa puissance les efforts de tous
ceux qui, dirigés par un véritable esprit de patriotisme, seront dignes d'être associés à ses intentions bienfaisantes.*

Eh bien, Monsieur, c'est ce moment même
où Louis XVI s'abandonne en quelque sorte à sa
confiance en un peuple qu'il aime ; c'est ce moment où il l'associe à l'exécution d'un des plus
grands desseins que le cœur d'un bon Roi ait pu
concevoir ; c'est précisément ce moment que l'esprit de dissention choisit pour jeter l'alarme
dans les esprits, & semer dans la Nation des
germes de trouble & d'insurrection.

Sous prétexte de rétablir la conſtitution de l'Etat, on l'attaque dans ſes fondemens.

Sous prétexte de revendiquer les anciens droits de la nation, on dépouille la royauté de tous les ſiens.

En Angleterre, ſi le Roi n'a pas la légiſlation, il eſt du moins membre eſſentiel du Corps légiſlatif ; il y exerce même, en vertu de ſa prérogative conſtitutionnelle, la fonction la plus importante, celle ſans laquelle il n'y a pas de pouvoir légiſlatif ; & l'acte le plus réfléchi, le plus ſolennel du Parlement n'y peut acquérir force de loi qu'après que le Monarque l'a approuvé, qu'après qu'il l'a ſanctionné par la formule abrégée & énergique ; *le Roi le veut.*

En France, ſi l'on en croit quelques publiciſtes de nos jours, le pouvoir légiſlatif a réſidé excluſivement pendant la premiere & la ſeconde race de nos Rois, dans le corps de la Nation ; c'eſt la Nation qui dictoit ſes volontés au Roi qui n'avoit pas la liberté de s'en écarter, & à qui il ne reſtoit qu'à les faire exécuter en vertu du pouvoir qu'i tenoit d'elle ; & ce droit chimérique, on preſſe la Nation de s'en reſſaiſir.

Je ne vous cite à préſent, Monſieur, que cet exemple des écarts de nos Précepteurs modernes. Il vous étonnera ſans doute ; mais vous ſeriez bien plus étonné du choix des autorités employées pour établir cette étrange aſſertion. J'y reviendrai peut-être dans la ſuite de ma correſpondance : aujourd'hui j'ai un autre but ; & , en ſuppoſant pour un moment , contre le témoignage de toute notre hiſtoire , que dans les premiers âges de la monarchie Françoiſe , le Roi n'étoit en effet que le premier Magiſtrat , le Chancelier de la Nation , l'organe & l'exécuteur de ſes volontés ; je demande qu'eſt-ce qu'on en veut conclure dans une époque où une des plus inconteſtables maximes de notre droit public eſt , que la puiſſance légiſlative réſide dans la perſonne du Roi entierement , excluſivement & ſans partage ; où cette maxime, conſacrée depuis des ſiecles , par la Nation aſſemblée , par chacun des ordres de l'Etat en particulier , par tous les Corps de Magiſtrature chargés du dépôt des Loix & de la diſpenſation de la Juſtice , eſt généralement reconnue pour un des premiers élémens de notre conſtitution , & ne pourroit eſſuyer aucune attaque qui ne portât ſur cette conſtitution même.

Je demande dans quelle vue on choiſit le moment où la Nation va être aſſemblée par un bienfait de ſon Roi auſſi inappréciable que peu eſpéré , pour lui crier : » Sachez ce que vous étiez » & ce que vous êtes devenue. Vous donniez des » loix, & vous en recevez : la ſouveraineté étoit » en vos mains , & vous l'en avez laiſſé ſortir :

» la puiſſance légiſlative vous appartenoit , & ce
» droit *incommunicable & impreſcriptible* vous
» l'avez laiſſé échapper ».

Je demande dans quelle vue cet éveil eſt ac-
compagné des tableaux les plus hideux & les
plus chargés , des déclamations les plus outrées
& les plus vénémentes : pourquoi on nous mon-
tre toute la ſuite de nos Rois de la troiſieme race
conſtamment occupée du projet d'aſſervir & de
dégrader la Nation , quand tous les monumens
de notre Hiſtoire dépoſent contre cette imputa-
tion odieuſe ;

Quand il eſt avéré , pour le citoyen le moins
inſtruit, que ſi le peuple François ne gémit plus
ſous la verge dure & flétriſſante du deſpotiſme
féodal, c'eſt à ſes Rois qu'il en eſt redevable ;

Quand il eſt conſtant qu'après avoir été dé-
livré par eux d'un ſi inſupportable eſclavage , c'eſt
à eux qu'il eſt redevable de ces corporations municipales qui ſeules pouvoient conſolider ſa liberté,
& lui en aſſurer tous les avantages ;

Quand il eſt notoire que , s'il eſt rentré , depuis quatre cens ans , dans le droit de ſe réunir
en corps de Nation , de communiquer directement avec ſon Souverain , de lui adreſſer directement & par l'organe de ſes repréſentans , ſes
griefs , ſes vœux , ſes vues d'amélioration , c'eſt

à ſes Rois ſeuls qu'il en doit de la reconnoiſſance ;

Quand il tient du Prince juſte & modéré qui
le gouverne l'abolition, dans ſes domaines, de la
main-morte & du *droit de ſuite*, reſtes honteux
de la ſervitude féodale, qui déshonorent encore
quelques ſeigneuries particulieres pour leſquelles
un ſi grand exemple a été perdu;

Quand l'ame franche & loyale de Louis XVI,
s'élevant au-deſſus de tous les préjugés d'une adminiſtration myſtérieuſe & puſillanime, a conçu
& exécuté, dès 1781, le deſſein d'initier ſon
peuple à la connoiſſance d'un des objets qui l'in-
téreſſent le plus, la maſſe & l'emploi des re-
venus publics;

Quand, dans ſon active ſollicitude pour le
ſoulagement & le bonheur de ſes ſujets, Elle a
formé & conſommé le projet vraiment royal d'é-
tablir dans toutes les Provinces du Royaume, des
adminiſtrations, nationales par leur compoſition,
populaires par leurs fonctions, & dont les premiers travaux ont ſi bien juſtifié ſes eſpérances;

Quand ce Prince généreux ajoute à tant de
bienfaits la reconnoiſſance du premier des droits
de la Nation, de celui d'où dépendent tous les
autres, & ſingulierement la conſervation de ſa
liberté, le droit de conſentir l'impôt.

Je demande pourquoi, dans des écrits destinés à préparer les esprits aux grandes opérations dont la prochaine assemblée des Etats généraux sera chargée, de si puissans motifs de confiance sont négligés ou dissimulés, tandis qu'on ramasse avec soin dans la lie de quatorze siecles, & dans des ouvrages de parti, tout ce qui pourroit être capable de jeter la défiance entre le Roi & la Nation? Pourquoi…? Pourquoi…?

Je ne pousserai pas mes questions plus loin: Elles ressembleroient trop à une accusation dont je suis bien éloigné. Il est si aisé de se laisser séduire par l'envie de se distinguer, & si difficile de se distinguer en suivant les routes battues. Il est si long & si pénible d'étudier notre droit public dans ses sources. C'est un travail si rebutant que la recherche, la vérification, la comparaison, la critique des chroniques, des annales, des diplomes composés ou compilés pendant les premiers siecles de notre Monarchie par des Moines ignorans, crédules & prévenus. Il est si commode de s'en rapporter à un travail tout fait, n'importe dans quelle vue & dans quel esprit. Il y a quelque chose de si imposant, &, en apparence, de si noble & de si élevé dans cette lutte du génie contre la routine, de la liberté de la pensée contre tout ce qui est en possession de subjuguer le

vulgaire , comme l'opinion , l'autorité , la.... L'en-
gouement eſt ſi naturel à l'homme , l'enthouſiaſme
ſi contagieux, qu'on ne ſauroit être trop indulgent
pour les productions les plus hardies , quand il
n'eſt pas démontré qu'elles partent d'un mauvais
cœur ou d'un eſprit mal-intentionné.

Mais cette indulgence ne doit pas être de la
foibleſſe ; & il n'eſt point de bon citoyen qui ne
doive à ſa patrie le tribut de ſon zele & de ſon
talent , contre tout ce qui pourroit tendre à la
troubler.

Vous ſavez , Monſieur , que ce n'eſt pas le zele
qui me manqueroit. Lié d'ailleurs à la cauſe des
Loix par un ſerment particulier qui m'impoſe
l'obligation perſonnelle de les défendre au péril
de tout ce qui peut m'être le plus cher, je ne
trahirois point une ſi belle cauſe. Mais il faudroit
des talens dignes d'elle pour ſe charger d'un ſi
auguſte emploi, & je ne m'aveugle pas ſur la
médiocrité des miens. Je ne ſerois pas effrayé de
ces injures ſi familieres à nos républiciſtes , &
qu'ils mettent ſi réſolument à la place des raiſons ;
vous ſentez ſurtout combien peu je ſerois affecté de
l'épithete de *Royaliſte* , épithete tout-à-fait inſi-
gnifiante dans une Monarchie telle que la nôtre ,
à moins qu'elle ne ſuppoſe un parti contraire anti-
conſtitutionnel ; épithete honorable devant tout

François inſtruit ; car quelle autre qualification pourroit-on lui oppoſer qui ne fût un attentat contre le Roi & la Nation ?

Je ne m'éloignerai donc de la tribune que par une juſte défiance de mes talens ; & ſi j'avois oſé y monter, voici ce que j'aurois dit à la Nation : voici ce que j'aurois dit à ſes repréſentans... Il me ſemble qu'un Orateur habile n'auroit pas eu de peine à y joindre tous les mouvemens capables d'émouvoir & de perſuader.

» François ! Vous avez des droits : toute
» Nation a les ſiens, ſans quoi elle ne ſeroit
» qu'un troupeau d'eſclaves.

» Le premier des vôtres, celui que vous de-
» vez défendre avec le plus de jalouſie, c'eſt
» d'être gouvernés par un Roi, à l'excluſion de
» tout autre pouvoir.

» Lui ſeul ne peut avoir un intérêt différent
» du vôtre ; lui ſeul a un intérêt perſonnel à la
» conſervation de votre honneur, de vos vies, de
» vos biens, à l'accroiſſement de tous vos
» moyens de proſpérité, parce que c'eſt là ce
» qui fait le prix de ſa couronne ; c'eſt-là ce qui
» lui aſſure le premier rang entre tous les Po-
» tentats de l'Europe ; c'eſt-là ce qui forme le
» bel héritage qu'il a reçu de ſes Peres ; & qu'il
» doit déſirer de tranſmettre à ſa poſtérité.

» J'ai dit que vous avez *le droit d'être gou-*

» *vernés* ; ce qui vous affranchit des caprices
» du pouvoir arbitraire : car là où pese le
» pouvoir arbitraire, il n'y a point de Gouver-
» nement.

» Ce qui vous garantit du pouvoir arbitraire,
» ce sont les Loix.

» Ces Loix, vous n'avez pas le droit de les
» faire ni de les changer ; car vous seriez le
» Souverain, & vous ne l'êtes pas. Mais vous
» avez celui d'être entendus & consultés lorf-
» qu'il s'agit d'établir des Loix nouvelles, d'en
» abroger ou modifier d'anciennes, parce que
» vous êtes un peuple libre, & qu'il n'y a point
» de liberté là où la Loi peut exprimer une vo-
» lonté contraire à celle du vœu commun.

» Ce droit, vous l'avez exercé en corps de
» peuple, pendant toute la durée du regne bien-
» faisant de Charlemagne, & durant la vie du
» pusillanime Louis son fils.

» Vous en avez été privés pendant le reste de la
» seconde race & sous les prémiers Rois de la
» troisieme, durant ce long période où le Royau-
» me, d'abord dépécé par les Grands, morcelé
» par eux dans chacune de ses parties, & sub-
» divisé par le besoin, l'intérêt ou la violence,
» en une foule de petits districts successivement
» envahis ou dévastés, n'offrit plus que le spec-
» tacle d'un territoire immense, hérissé de tours

» & de forteresses, au milieu de campagnes dé-
» sertes & incultes, &, sur quelques points de
» son étendue, que des hommes livrés au ca-
» price & à la dureté d'un maître avare qui n'es-
» timoit leur vie que par le profit qu'il en reti-
» roit, &, dans son ensemble, qu'un peuple
» avili, sans Loix, sans Roi, sans arts, sans
» communication, & sans espoir de rompre ses
» chaînes.

» Vous n'avez commencé à respirer, que lors-
» que vos Rois, commençant à recouvrer leur
» pouvoir usurpé, ont pu venir à votre secours
» par les affranchissemens, l'établissement des
» Bourgeoisies, & l'érection des Communes.

» Vous n'avez enfin recouvré vos anciens
» droits que lorsque St. Louis ayant admis les
» Représentans des municipalités à des délibéra-
» tions communes dans quelques Provinces de
» son domaine, ses Successeurs, animés par
» un si grand exemple, convoquerent la Nation
» entiere pour les aider de ses secours & de ses
» conseils dans toutes les circonstances où le
» salut public & la tranquillité générale pou-
» voient courir quelques dangers.

» Vous n'avez été législateurs dans aucune de
» ces Assemblées, mais dans quelques-unes vous
» avez inspiré de bonnes Loix, vous en avez
» dénoncé de mauvaises ; vous avez proposé des

» réformes utiles que les malheurs des tems ont
» seuls suspendues ; & vous y avez exercé ce
» droit qui appartient à tout peuple libre, de
» pouvoir exprimer librement son vœu sur les
» Loix par lesquelles il doit être gouverné.

» Dans les intervalles de vos Assemblées, vous
» avez été suppléés dans l'exercice de ces droits
» par ces corps antiques auxquels le dépôt des
» Loix est confié, & qui sont chargés, en votre
» absence, du soin de vos intérêts, par le ser-
» ment même qui les attache au Souverain dont
» ils tiennent leurs pouvoirs.

» Vous allez aujourd'hui reprendre vous-même
» l'exercice de ce droit précieux ; mais prenez
» garde d'en abuser. L'amour inconsidéré des
» nouveautés, & un respect superstitieux pour
» les choses anciennes, sont deux extrémités que
» vous devez éviter également. Que la nature,
» l'humanité, la raison, les convenances socia-
» les, le bien de tous, l'opinion publique, le
» cours des mœurs, j'entends des mœurs qui ne
» choquent rien de ce qu'il faut respecter, soient
» vos guides & vos oracles. Consultez, écoutez
» ces anciens Magistrats à qui une longue expé-
» rience, des études continuelles, & la pratique
» habituelle de la Justice & de la vertu, ont
» assuré la vénération & la confiance publique.
» Ils vous découvriront la plaie secrete de notre
législation,

» légiſlation , & vous indiqueront les moyens de
» la guérir. Ne craignez pas que d'utiles & ſages
» réformes trouvent des obſtacles dans les com-
» pagnies dont ils ſont l'ornement. Elles les dé-
» ſirent autant que vous , & leurs vœux ſe con-
» fondant avec les vôtres, vous devez en attendre
» le plus heureux ſuccès.

    » L'Etat va vous demander des ſecours. Les ſa-
» crifices que votre Souverain s'eſt généreuſement
» impoſés , ni l'habileté du ſage Miniſtre à qui
» il a confié l'adminiſtration de ſes finances , ne
» pourront peut-être lui épargner la douleur de
» vous propoſer de nouveaux ſubſides. Vous avez
» le droit d'en voter librement l'octroi, & votre
» Roi lui-même vous y a rétablis. Mais le droit
» de conſentir l'impôt n'eſt pas le droit de refuſer
» à l'Etat des ſecours indiſpenſables ; car ce ſe-
» roit le droit de diſſoudre l'Etat, & un pareil
» droit ne peut pas plus exiſter que celui de ſe
» donner la mort : mais c'eſt le droit de con-
» noître le beſoin pour y proportionner le ſe-
» cours ; le droit d'en répartir la charge ſur tous
» ceux qui ont intérêt à la conſervation de l'Etat;
» le droit de régler la meſure de la contribution
» de chaque intéreſſé ſur la meſure de ſon inté-
» rêt ; le droit de demander & d'obtenir l'abo-
» lition de tous les priviléges qui pourroient con-
» trarier une répartition générale & proportion-

B

» nelle , telle que la raison & le pacte social ,
» contre lesquels on ne prescrit pas, la désirent
» & la commandent.

» Et vous , qu'une Nation sensible & confiante
» vient de choisir pour la représenter , & , pour
» porter à son Roi son hommage & ses vœux
» qu'elle ne peut ni présenter ni faire entendre
» elle-même ; tremblez d'accepter la mission qui
» vous est donnée, si vous n'êtes rassurés par au-
» cune épreuve sur la portée de vos talens & la
» trempe de votre patriotisme. Vous voilà investis
» du plus auguste ministere dont de simples ci-
» toyens puissent être chargés. Un peuple im-
» mense vient de vous confier ses intérêts les
» plus chers & les plus sacrés. C'est de l'usage
» que vous ferez de ce dépôt que dépend peut-
» être son bonheur ou son malheur, sa liberté ou
» sa servitude , la ruine ou la restauration de
» l'Etat. Si vous ne vous sentez pas la force de
» résister à la voix de l'intérêt personnel, à l'em-
» pire du crédit & de la puissance , aux insinua-
» tions de l'intrigue, abdiquez la charge dont la
» Nation vous a honorés, laissez à des ames cou-
» rageuses le noble emploi qui vous a été déféré,
» & que votre foiblesse aviliroit : & si vous ne
» pouvez partager la gloire qui doit couronner
» les travaux des organes & des défenseurs de
» la Patrie , épargnez-vous l'opprobre dont

» elle couvrira les lâches déferteurs de fa
» caufe ».

Je voudrois , Monfieur , joindre à ces grands
motifs, des motifs d'un ordre plus relevé & tels
que la Religion feule peut les fournir , fi je ne
craignois que nos beaux efprits ne s'écriaffent à
la *capucinade*. Mais peut-être feroient-ils grace à
cette tirade d'un ancien, qui me paroît d'autant
plus dans le cas de l'obtenir qu'on ne fauroit le
foupçonner de connivence avec le Chriftianifme.
» Faut-il (c'eft Scipion qui parle au fils de
» Paul-Emile) faut-il ajouter un nouvel aiguillon
» à votre ardeur pour la chofe publique ? Per-
» fuadez-vous bien qu'une place diftinguée & un
» bonheur fans fin attendent dans les demeures
» céleftes tous ceux qui ont contribué à la con-
» fervation, à la défenfe , à l'illuftration de leur
» Patrie. C'eft de-là qu'ils font partis, c'eft-là
» qu'ils retournent. Non, il n'eft pas fur la terre,
» pour le Dieu fuprême qui régit ce vafte uni-
» vers , de fpectacle plus intéreffant que ces
» Affemblées , ces réunions d'hommes vivant
» en fociété fous la garantie des Lòix , aux-
» quelles nous donnons le nom de *Cités* (a) ».

(a) *Quò fis alacrior ad tuendam Rempublicam, fic ha-
beto : omnibus qui Patriam confervárint , adjuverint, auxe-
rint , certum effe in cœlo definitum locum ubi beati fempi-*

(20)

Mais tout ceci, Monsieur, suppose que la Nation sera en effet représentée dans la prochaine Assemblée, c'est-à-dire, qu'il n'y aura pas un seul citoyen ayant un intérêt un peu considérable à la chose publique, qui n'ait pu concourir, soit médiatement, soit immédiatement, à l'élection des Députés de la Nation.

Tout ceci suppose que l'Assemblée sera formée de maniere que la mesure de l'influence y soit proportionnée à la mesure de l'intérêt, sinon d'après un calcul rigoureux, ce qui seroit impossible, du moins d'après certaines vues d'équité & des regles d'approximation convenues.

Ces deux points sont de la plus grande importance. Il s'agit de consolider la dette nationale, d'exercer, dans la concession possible de nouveaux subsides, un droit qui appartient à la Nation *en corps*. Les esprits sont assez éclairés pour sentir que la réunion des volontés particulieres peut seule, sur ces deux grands objets surtout, former l'expression d'un vœu commun & obligatoire pour

---

terno ævo fruantur. Nihil est enim illi Principi Deo qui omnem hunc mundum regit, quod quidem in terris fiat, acceptius, quàm concilia, cœtusque hominum, jure sociati, quæ civitates appellantur : harum Rectores & Conservatores, hinc profecti, huc revertuntur. CICERON, dans le Songe de Scipion.

tous. Toutes les précautions que le Roi a prises
& qu'il continue de prendre pour que la Nation
soit *suffisamment repréfentée* , tiennent tous les
citoyens, tous les ordres des citoyens, les habitans des villes & des campagnes, dans l'attente
d'un réglement qui rempliffe le vœu du Souverain
& l'efpérance de la Nation.

Dans ce moment, tous les yeux font ouverts
fur l'Affemblée des Notables ; la nobleffe de leurs
fentimens, l'étendue de leurs lumieres, le zele
patriotique dont ils ont déjà fait preuve, font
également efpérer que leur avis fecondera les intentions bienfaifantes du Roi. Mais enfin les Notables ne font ni la Nation ni les Repréfentans
de la Nation ; & l'Affemblée la plus refpeſtable,
la plus éclairée, la mieux intentionnée, peut ne
pas voir tout, ne pas prévoir tout, ne pas pour-
voir à tout.

Dans l'Etat où font les chofes, & au milieu
des efpérances qui s'accroiffent tous les jours à
l'approche de la journée mémorable qui doit placer Louis XVI au milieu de fa Nation, il n'eft
point d'opinion particuliere qui puiffe détourner
le cours de l'opinion générale ; & cette opinion
générale eft, que la Nation n'a jamais été *fuf-*
fifamment repréfentée dans aucune des anciennes
Affemblées d'Etats généraux, depuis 1302 jufqu'en
1614, fans exception.

Cette opinion n'eft point hafardée ; elle eft

fondée fur les monumens mêmes qui nous font
parvenus de ces anciennes Affemblées : elle mé-
rite d'autant plus de confidération, qu'il eft également impoffible de prévoir les obftacles que
pourroit éprouver l'exécution d'un vœu formé dans
une Affemblée imparfaite, & d'en calculer les
effets.

On diroit vainement que la fituation des finances eft preffante, & que d'ailleurs fi les Etats affemblés d'abord *fuivant les anciennes formes*
trouvent leur compofition imparfaite, ils pourront
y remédier pour l'avenir.

Je ne fais fi je me trompe, mais il me femble
que, plus le befoin du concours de la Nation eft
inftant, plus il importe de s'attacher à la convoquer de maniere qu'elle puiffe fe reconnoître dans
la compofition des Députés, & n'avoir aucun fu-
jet de quereller leurs pouvoirs.

Il me femble que, s'il eft prouvé que les précédentes Affemblées n'ont pas repréfenté l'univerfalité de la Nation, une Affemblée compofée
fuivant les anciennes formes, ne pourra jamais
exprimer un vœu national fur la forme de convoquer la Nation. Il me femble que ce feroit vou-
loir foumettre la Nation à des Juges dont elle mé-
connoîtroit l'autorité ; que cet expédient n'auroit
d'autre appui qu'une pure pétition de principe ;
& qu'enfin, il faut toujours en revenir, avant de
prendre un parti, à la queftion de favoir fi, dans

les Affemblées précédentes , & notamment dans
celle de 1614 , la Nation a été ou n'a pas été
repréfentée fuffifamment.

Or c'eft là une fimple queftion de fait. La compofition des Etats généraux n'a jamais été fixée
par aucune Loi , depuis qu'ils furent affemblés
en 1302 par Philippe-le-Bel. Il eft fans doute
étonnant que dans un fi long intervalle , pendant
lequel les Etats ont été convoqués affez fréquem-
ment , l'idée n'en foit jamais venue ni à la Nation ni à fes Souverains ; mais il n'en eft pas moins
affuré que depuis Charlemagne , Louis XVI eft le
premier qui ait conçu cette grande & fage penfée.

Mais dès qu'il ne s'agit que d'une queftion de
fait ; dès que cette queftion doit être décidée fur
des monumens ; une fois que ces monumens feront
généralement connus & avoués , il paroît difficile
qu'il puiffe fe former deux avis fur fa décifion.

J'entrerai donc avec vous , Monfieur , dans la
difcuffion des faits , dans une feconde lettre. Celle-
ci n'eft peut-être déjà que trop longue. Mais j'ai
été entraîné par le cours de mes idées , & je
compte fur votre indulgence , en faveur du motif
qui m'anime.

Je fuis , &c.

A . . . . . *le* 18 *Novembre* 1788,

LETTRES

D'UN AVOCAT

A UN PUBLICISTE.

SECONDE LETTRE.

1788.

Ut in fidibus ac tibiis , atque cantu ipso & vocibus, concentus est quidam tenendus ex distinctis sonis, isque concentus ex dissimillimarum vocum moderatione, concors tamen efficitur & congruens : sic , ex summis , & infimis , & mediis , interjectis ordinibus, ut sonis moderatá ratione , civitas consensu dissimillimorum concinit ; & quæ harmonia à musicis dicitur in cantu , ea est in civitate concordia , arctissimum atque optimum omni in Republicá vinculum incolumitatis , quæ sine justitiá nullo pacto esse potest.

Comme , dans les compofitions muficales , mêlées de fymphonie & de chant, les plus grands effets d'harmonie font dûs à la différence même des fons & des voix , lorfque le goût a fu les allier , celles-ci dans les limites de leur portée , ceux-là dans l'étendue de leurs rapports : ainfi, c'eft la diffemblance même des ordres graduels des citoyens , qui établit entre eux cette union & cette concorde, d'où dépend le falut de l'Etat, lorfque les proportions de leur concours , & la mefure de leur influence , ont été réglés par la raifon & la juftice. CICERON, *de la République , liv. II.*

SECONDE LETTRE.

Sur la compoſition des Etats généraux, & la repréſentation du Tiers-état.

LEs queſtions dont je vais, Monſieur, m'occuper dans cette Lettre, ſont aſſurément très-
importantes; mais elles ne ſont pas auſſi difficiles.
Elles dépendent de principes ſi clairs & ſi évidens
par eux-mêmes, de faits ſi certains & ſi authen-
tiques, qu'il ne s'agit, ce me ſemble, que de les
préſenter avec ſimplicité pour être ſûr de con-
vaincre les eſprits les plus prévenus, à moins
qu'ils n'y oppoſent une réſiſtance excitée par des
motifs particuliers. J'entre en matiere, & je
commence par la définition des *Etats généraux* ;
car c'eſt dans cette définition que nous devons
trouver les élémens de leur compoſition.

» On entend par le mot d'*Etats généraux*, »
diſoit le Chancelier de l'Hôpital à l'ouverture des
Etats d'Orléans, » l'Aſſemblée de la Nation
» entiere, ſoit *par elle - même*, ſoit *par ſes*
» *Repréſentans* ».

Une Nation compoſée de vingt-quatre millions,
ſix cent ſoixante-ſeize mille citoyens, ne peut pas
ſe repréſenter elle-même; il faut donc, ſi elle

veut s'affembler , qu'elle fe faffe repréfenter par un certain nombre de fes membres chargés de fes ordres & de fes pouvoirs._

Mais comme ces Députés doivent repréfenter *la Nation entiere* , il faut que chaque citoyen de la Nation ait été appellé pour leur tranfmettre les droits qu'il auroit pu exercer par lui-même dans une Affemblée générale de la Nation ; car il eft évident que , fi quelques citoyens , fi un grand nombre de citoyens n'avoient pas été appellés pour leur tranfmettre leurs droits , ils ne les leur auroient pas tranfmis ; que , dans ce cas, les Députés ne repréfenteroient que ceux qui les auroient nommés ; qu'ils ne repréfenteroient donc qu'une partie de la Nation , que leur réunion ne feroit donc pas *une Affemblée de la Nation entiere* ; & qu'on ne fauroit lui donner la dénomination *d'Etats généraux.*

Mais comme la faculté de tranfmettre un droit, fuppofe la faculté d'exercer ce droit par foi-même, il s'enfuit que les enfans & les mineurs, que la fageffe des Loix exclut de toute participation à l'adminiftration publique, ne fauroient être admis à l'élection des Repréfentans de la Nation ; ce qui diminue déjà de beaucoup le nombre des Electeurs.

D'un autre côté , les femmes , que la bienféance , bien plus que leur incapacité , éloigne des

(5)

Affemblées populaires , & que leur pudeur &
leur timidité naturelle ont fait foufcrire à cette
difpofition d'ordre public , doivent auffi être re-
tranchées du nombre des Electeurs : ce qui le
diminue encore confidérablement.

Enfin , parmi ce qui refte dans la Nation
d'hommes capables d'exercer & de tranfmettre
leurs droits de citoyen , il en eft un très-grand
nombre qui ne tiennent à la fociété que par le
befoin & l'infortune , & qui lui feroient plutôt à
charge qu'à profit , fi les foins donnés à l'humanité fouffrante n'étoient pas une des plus dou-
ces jouiffances de l'homme en fociété , une de
fes plus pures confolations dans les dégoûts &
les amertumes attachées à l'état focial : il en eft
d'autres qui , fans éprouver la preffe du befoin ,
prennent peu de part à la chofe publique dont
ils retirent peu d'avantages, & qui ne leur demande
auffi que de légers facrifices.

Ces deux claffes de citoyens ont trop peu d'intérêt à l'adminiftration pour prétendre à la diriger.
Ils auroient plus befoin de protecteurs que de repréfentans dans une Affemblée nationale ; & on
peut , fans injuftice , leur refufer le droit de voter
dans des élections, où ils porteroient plus d'em-
barras , & peut-être plus de trouble , que de
lumieres & de difcernement.

Refte la portion des citoyens qui , relativement

à leur fortune , ont un intérêt affez notable à la chofe publique pour avoir le droit de concourir à l'élection des Repréfentans de la Nation ; & ceux-là doivent y concourir tous, fans quoi la Nation *entiere* ne feroit pas repréfentée , & les Députés, qui ne pourroient fe dire les Repréfentans de la Nation , ne pourroient obliger ceux de qui ils n'auroient reçu aucuns pouvoirs.

La Nation étant compofée d'environ vingt-cinq millions de citoyens, l'on peut fuppofer , fans faire tort aux deux ordres du Clergé & de la Nobleffe , que le nombre de leurs membres s'éleve tout au plus à ce qui excede vingt-quatre millions dans la population générale ; & par conféquent , le Tiers-état feul fournit vingt-quatre fois autant de citoyens que les deux ordres du Clergé & de la Nobleffe réunis. Mais l'Affemblée repréfentative n'étant néceffitée que par l'impoffibilité de réunir tous les citoyens dans une Affemblée effective , & devant repréfenter l'univerfalité de ces citoyens, il faudroit rigoureufement qu'elle confervât les proportions numériques de chacun des ordres qui forment enfemble cette univerfalité ; fans quoi elle ne feroit pas une repréfentation de cette univerfalité : il faudroit rigoureufement que les Repréfentans du Tiers-état y fuffent , par comparaifon avec ceux du Clergé & de la Nobleffe , dans la proportion de vingt-quatre à un.

(7)

Les deux premiers ordres ne pourroient employer que deux moyens contre l'énorme prépondérance que cette compofition donneroit au Tiers-état.

Ils diroient fans doute que chacun des trois ordres formant une affemblée particuliere dans l'Affemblée générale, & un vœu particulier réfultant de la pluralité des fuffrages des membres de chaque ordre ifolé, rien ne leur eft plus indifférent que le nombre des Députés du Tiers-état, puifqu'en quelque nombre qu'ils foient, ils ne formeront à eux tous qu'une voix, & que cette voix, loin de prévaloir fur les deux voix du Clergé & de la Nobleffe, ne fauroit même les balancer.

Ils pourroient dire encore que fi la population du Tiers-état, eft, comparativement à celle du Clergé & de la Nobleffe, dans la proportion de vingt-quatre à un, il s'en faut bien que les richeffes de ce troifieme ordre, & par conféquent fon intérêt à la chofe publique, fuivent la même proportion, & que, fi le Tiers-état eft vingt-quatre fois auffi nombreux que les deux premiers ordres, il ne s'enfuit pas pourtant qu'il ait droit d'influer dans des délibérations nationales dans une proportion fi onéreufe pour ces deux ordres.

Je reprends ces deux objections, & je remarque fur la premiere, qu'elle ne peut avoir & n'a en effet d'autre appui qu'un ancien ufage : que cet ufage a tenu originairement à un état de chofes qui ne fubfifte plus : qu'il étoit même dans fon origine, & qu'il feroit à plus forte raifon aujourd'hui effentiellement vicieux ; & que rien ne le prouve mieux que les troubles & les malheurs qui ont défolé la France dans le long période pendant lequel les Etats généraux ont été affez fouvent affemblés, & l'état où ceux de 1614 l'ont laiffée.

L'ufage d'ifoler chacun des trois ordres dans les Affemblées nationales, vient prefque uniquement de la féodalité, fource malheureufe de toutes les contradictions, de toutes les abfurdités, de tous les abus qui infectent ou déshonorent encore aujourd'hui la plupart de nos Loix & de nos Inftitutions.

Une des principales maximes de la polyarchie féodale, étoit, comme vous le favez, Monfieur, que les Seigneurs, & le Roi lui-même, n'avoient d'autorité que fur leurs vaffaux immédiats, & que les arrieres-vaffaux ne prêtant ni la foi ni l'hommage au Seigneur fuzerain, ne lui devoient rien, & ne reconnoiffoient en aucune maniere fa fupériorité.

Par une fuite de cette maxime, & même après qu'elle eut été confidérablement affoiblie par l'introduction des appels & des cas royaux, qui ramenerent l'autorité royale dans les fiefs & les arrière-fiefs, les grands Seigneurs prétendirent encore, dans les treizieme & quatorzieme siecles, que le Roi ne pouvoit lever des subsides que sur ses sujets immédiats ; qu'il ne pouvoit en demander aux sujets des Seigneurs qu'avec le consentement de ceux-ci ; & qu'enfin le Seigneur acquittoit ses sujets de tous devoirs envers l'Etat, en remplissant le service auquel il étoit tenu par la loi de son fief.

Tel étoit l'état des choses, lorsque Philippe-le-Bel assembla le premier les trois ordres de la Nation, d'abord à l'occasion de sa querelle avec Boniface VIII, ensuite pour en tirer les secours dont il avoit besoin pour réduire les Flamans, & pour subvenir à ses dissipations & à celles de ses Ministres.

La différence des intérêts dans ces premieres Assemblées, & dans celles qui les suivirent, nécessiterent en quelque sorte la séparation des trois ordres dans ces Assemblées.

Il falloit traiter en particulier avec les Seigneurs, pour en obtenir leur consentement à l'imposition de leurs sujets : il falloit traiter en particulier avec les Députés des villes, qui n'avoient pas besoin du consentement des Seigneurs, & dont les pouvoirs étoient établis & déterminés par les procurations qui leur avoient été fournies : il falloit encore traiter à part avec les Seigneurs, pour en obtenir dans ces occafions preffantes quelque chofe de plus qu'on n'en pouvoit régulierement exiger à raifon de leurs fiefs : & enfin les immunités Eccléfiaftiques portées à leur comble à cette époque, formoient du Clergé une efpece de peuple à part qui ne pouvoit fe croire lié par le vœu d'un autre ordre de citoyens, & avec lequel il étoit indifpenfable de traiter féparément pour en obtenir quelques fecours.

Cet ufage fubfifta pendant les quinzieme & feizieme fiecles, & jufqu'en 1614, quoique les Seigneurs euffent déjà affez rabattu de leurs prétentions pour ne plus réclamer le droit de confentir à l'impofition de leurs emphytéotes : il fubfifta, parce que d'ailleurs le fervice perfonnel dont les Seigneurs étoient tenus, & qu'ils faifoient effectivement à raifon de leurs fiefs, les difpenfant régulierement des contributions pécuniaires que l'Etat pouvoit demander à ceux qui ne lui rendoient pas un fervice perfonnel, il falloit traiter féparément avec eux pour en obtenir, ou un fupplément de fervice, ou un fecours en argent repréfentatif de ce fupplément : il fubfifta, parce que les immunités Eccléfiaftiques continuerent d'oppofer un obftacle invincible au ralliement du Clergé avec le refte de la Nation, relativement aux contributions publiques.

Aujourd'hui, il n'y a plus de fervice féodal :

les Nobles qui fe vouent à la défenfe de la Patrie,
font également ftipendiés avec les deniers publics,
foit qu'ils poffedent des fiefs , foit qu'ils n'en poffedent pas.

Aujourd'hui le Clergé eft trop éclairé , trop
citoyen , pour réclamer des immunités également condamnées par la raifon & par la Loi.

Les motifs qui avoient néceffité anciennement
la féparation des trois ordres dans les Affemblées
nationales, ne fubfiftent donc plus aujourd'hui ; &
cette féparation ne ferviroit plus qu'à entretenir
entre eux une divifion qui n'a déjà produit que
de trop malheureux effets.

Si , dans les anciennes Affemblées , l'état des
chofes demandoit que les trois ordres s'affem-
blaffent à part pour voter les fecours qui leur
étoient refpectivement demandés , ils auroient pu
du moins fe réunir dans tous les objets de délibération qui intéreffoient la légiflation , le Gouvernement, le commerce, &c. &c.; & combien
de bonnes Loix , combien de fages & utiles inftitutions devrions-nous aujourd'hui à ce concours
de lumieres & de patriotifme vers un but commun & général !

Que nous refte-t-il au contraire des anciennes
Affemblées d'Etats généraux ? Des procès-verbaux
de féances la plupart orageufes , tumultueufes ,
dans lefquelles la propofition d'un objet utile fe

trouve souvent étouffée , dès son émission , par des altercations , des querelles , quelquefois des voies de fait , de longues & pénibles négociations qui , consumant un tems précieux, n'en laissoient presque point à la discussion de l'objet proposé : des cahiers qui étonnent quelquefois par l'étendue & la sagacité de leurs détails , mais manquant toujours de cette unité de vues , de cet accord de principes , de cette uniformité de vœu , qui pouvoient seuls en assurer le succès.

Que nous en reste-t-il? Quelques grandes Ordonnances , admirables sans doute par la sagesse de plusieurs de leurs dispositions , mais négligées , oubliées , contrariées bientôt après leur promulgation , parce qu'elles n'étoient pas l'expression d'un vœu commun , d'un système national.

Que nous ont produit ces Assemblées ? Un germe jusqu'ici indestructible de division entre les trois ordres, division qui s'est manifestée dans des momens de trouble par des querelles sanglantes , & qui se perpétue dans des tems plus modérés , par des procès interminables, & à la longue également ruineux pour les Seigneurs , pour leurs communautés , pour leurs emphytéotes ; division qui semble s'accroître dans ce moment par l'idée seule d'une résistance que je suis bien éloigné de croire aussi générale qu'on semble le craindre , mais dont le soupçon excite seul ce ton d'aigreur

& d'oppofition qu'on eft fi fâché de trouver dans des écrits d'ailleurs pleins de raifon & de vérités.

Cette féparation des trois ordres, déjà inconf-titutionnelle dans fon origine, à l'égard des ob-jets qui intéreffent également l'univerfalité de la Nation , & fi funefte dans fes conféquences, pourroit encore oppofer aujourd'hui un obftacle invincible à l'exécution des meilleures vues, & empêcher l'effet que le Roi & la Nation font en droit d'efpérer de la prochaine Affemblée.

Le but de toute délibération commune , eft d'obtenir un vœu commun ; mais ce vœu ne peut s'énoncer que par la pluralité des fuffrages ; d'où il fuit que toute affemblée dans laquelle la plu-ralité des fuffrages peut ne pas former une con-clufion , eft effentiellement vicieufe dans fa conf-titution.

Or telles ont été les Affemblées d'Etats géné-raux formés depuis 1302 jufqu'en 1614 inclufi-vement ; & ce vice étoit effentiellement inhérent à la féparation des trois ordres.

On fentit de bonne heure que l'oppofition des intérêts du Clergé , de la Nobleffe & du Tiers-état ne permettoit pas de donner un effet conclufif à la réunion de deux ordres contre le troifieme. On fut donc obligé de ftatuer que l'accord de deux ordres ne pouvoit lier le troifieme , & que, fi les trois ordres *n'étoient tous enfemble d'accord*, *la chofe demeureroit fans détermination.* C'eft ainfi que la chofe fut réglée par les Etats généraux tenus à Paris en 1355 ; & cette difpofition parut fi effentielle, qu'elle eft rappellée jufqu'à quatre fois dans l'Ordonnance du 28 Décembre 1355, qui fanctionna les réfultats de cette Affemblée. L'Ordonnance d'Orléans la renouvella depuis ; & l'on fent qu'il feroit indifpenfable d'en faire une condition expreffe de l'Affemblée prochaine, fi les trois ordres devoient y délibérer féparément, & n'y opiner qu'en corps.

Mais auffi il eft évident que les fuffrages y étant réduits à trois, & deux ne pouvant former une conclufion, quoiqu'ils fuffent d'accord, fi le troifieme ne s'y joignoit pas, la pluralité des fuffrages ne pourroit y exprimer un vœu commun : les meilleures vues, les réformes les plus indifpenfables, les établiffemens les plus utiles, trouveroient un obftacle infurmontable dans l'oppofition d'un feul ordre ; & *tous n'étant enfemble d'accord, la chofe demeureroit fans détermination.*

Comment donc a-t-on pu avancer dans un écrit qu'on a voulu munir d'une autorité affurément impofante, mais à laquelle il eft permis de ne pas croire, puifqu'elle n'eft garantie par aucune fignature, même énoncée ; comment a-t-on pu avancer ? » Qu'il eft *de l'effence* des Etats » généraux d'être compofés de trois ordres dif-

» tincts , *votant séparément* & ayant *chacun une*
» *influence égale* dans les délibérations *commu-*
» *nes aux Trois-états.*

» Que les intérêts de chaque ordre sont suf-
» fisamment assurés par le *VETO* que *la cons-*
» *titution* accorde à chacun d'eux dans les déli-
» bérations concernant *les Impôts & les Loix*
» *nouvelles* ».

C'est-à-dire, qu'il est *de l'essence* d'une Assemblée nationale de contenir un principe d'inertie
qui enchaîne le plus grand nombre & l'empêche
de prévaloir *dans les délibérations communes aux*
trois ordres , même sur les objets les plus importans pour l'Etat, tels que *les Impôts & les*
Loix nouvelles ! car il est évident qu'en supposant
même un nombre égal de suffrages dans chaque
ordre, un Impôt indispensable, une Loi restau-
ratrice qui auront été unanimement consentis ou
adoptés par les deux tiers de l'Assemblée entiere ,
pourroient être rejetés efficacement par l'autre
tiers.

C'est-à-dire, qu'il est *de la constitution* de la
France que le bien ne puisse s'y faire , si le petit
nombre s'y oppose , malgré le vœu unanime du
plus grand nombre, & que cette étrange maxime
assure suffisamment les intérêts de chaque ordre !

» Que *la parité d'influence* entre ces ordres,
» est *la base la plus solide de leur union* ».

Comme s'il y avoit jamais eu *de l'union entre les trois ordres*, malgré cette *parité d'influence!*

Comme si les divisions funestes qui se sont perpétuées jusqu'à nous, n'avoient pas leur principale cause, dans la séparation des trois ordres qui a seule nécessité cette *parité d'influence!*

» Que *tout Ministre* qui chercheroit *à semer*
» *la division parmi les ordres de l'Etat* ne pour-
» roit être regardé que comme *l'ennemi de la*
» *Patrie* ».

Vous attendiez-vous, Monsieur, à une pareille conclusion? Et en effet, ou elle ne signifie rien, ou elle tend à insinuer, que le Gouvernement a laissé échapper quelque indice de *l'intention de semer la division parmi les ordres de l'Etat*. On ne sauroit soupçonner le premier : le but de l'écrit se manifeste assez clairement & avec assez peu de ménagement, & l'on ne peut pas croire que rien y ait été mis sans dessein & sans réflexion. Mais seroit-ce *chercher à semer la division entre les ordres de l'Etat*, & conspirer *contre la Patrie*, que de paroître désirer que les trois ordres, si long-tems divisés, se réunissent tous dans un même esprit? Qu'ils ne connoissent tous qu'un même intérêt? Que le bien général soit enfin leur vœu commun? Que les causes de division cessent entre eux? Que des prétentions, aujourd'hui sans prétexte, & qui n'ont abouti jusqu'ici

qu'à

qu'à écraſer & avilir les vingt-quatre vingt-cin-
quiemes de la Nation, ſe taiſent enfin devant la
raiſon & la juſtice ?

Si cela eſt, vingt-quatre millions de citoyens,
& la moitié au moins du vingt-cinquieme reſ-
tant, ſe déclarent hautement complices de cette
machination : & ces vingt-quatre millions de
citoyens, qui béniſſent le Prince juſte & popu-
laire qui vient les rétablir dans tous les droits de
la ſociété, après pluſieurs ſiecles de ſouffrance
& de dépreſſion, ces vingt-quatre millions de
citoyens peuvent bien pardonner à l'intérêt perſonnel quelques déclamations ſans conſéquence,
mais ils ne verroient point avec indifférence l'eſprit particulier triompher, à force de contradictions & de fatigues, de ſes grands & nobles
deſſeins.

Je me réſume ſur la premiere objection ; elle
me conduiroit trop loin, ſi je voulois la diſcuter
dans tous ſes rapports ; & je vous demande,
Monſieur, ſi, après l'examen que je viens d'en
faire, je ne ſuis pas autoriſé à conclure que l'u-
ſage de voter par ordres dans les Etats généraux
du Royaume eſt en ſoi inconſtitutionnel, puiſqu'il peut donner la prépondérance à la vingt-
cinquieme partie de la Nation ſur les vingt-quatre
parties reſtantes : que le vice de cette forme,

B

reconnu dès les premieres Affemblées d'Etats généraux , eft tel qu'il eft impoffible d'y remédier , que par un moyen qui ne peut avoir d'autre effet que de rendre inutile l'Affemblée la plus nationale & la mieux conftituée , en donnant à chaque ordre une voix négative qui annulleroit le vœu unanime des deux autres ordres réunis : que par conféquent le Clergé & la Nobleffe ne pourroient réclamer cet ufage contre l'énorme prépondérance qu'auroit le Tiers-état , fi fa repréfentation devoit être proportionnée au nombre des citoyens de cet ordre.

Je paffe donc à la feconde objection , & je conviendrai fans peine qu'il s'en faut bien que les richeffes du Tiers-état foient , comme fa population , comparativement à celles du Clergé & de la Nobleffe , dans la proportion de vingt-quatre à un.

Mais la premiere conféquence que j'en tirerois , c'eft qu'il feroit convenu que la repréfentation de chaque ordre doit être proportionnée à fon intérêt dans la chofe publique.

Et que s'enfuivroit-il ? Que fi l'influence du Tiers-état dans une Affemblée d'Etats généraux ne doit pas être mefurée fur le nombre de fes membres comparé au nombre des membres du Clergé & de la Nobleffe , elle doit l'être du moins fur la totalité de l'intérêt du Tiers-état comparée à la totalité de l'intérêt du Clergé & de la Noblesse.

Or quelle portion de richesses le Clergé & la Noblesse réclameroient-ils dans la masse des richesses de la Nation? Il est fâcheux que des registres publics, qu'un cadastre national, ne puissent pas répondre à cette question; & c'est aux formes abusives de nos anciennes Assemblées que nous devons encore l'incertitude où nous sommes fur un article si important.

Mais ce qu'on peut avancer fans crainte d'être démenti par les deux premiers ordres, c'est qu'ils ne possedent pas la moitié des immeubles réels ou fictifs du Royaume, qu'ils ne possedent peut-être pas la centieme partie de ses richesses mobiliaires.

Je supposerai pourtant ici que l'avantage à cet égard est absolument égal entre le Clergé & la Noblesse d'une part, & le Tiers-état de l'autre.

Mais qu'en résultera-t-il? Que le Tiers-état a, dans l'Administration de la chose publique, un intérêt égal à celui du Clergé & de la Noblesse réunis; qu'abstraction faite de la disproportion énorme de population entre les Trois ordres, & dans la supposition la plus favorable au Clergé & à la Noblesse dans la distribution proportionnelle des richesses, c'est-à-dire des motifs d'intérêt à la bonne adminiſtration, le Tiers-état doit avoir dans les meſures à prendre pour établir & perpétuer une bonne Adminiſtration, une influence égale à celle des deux premiers ordres réunis.

Or le Tiers-état ne demande pas davantage, & l'on ne peut gueres douter aujourd'hui qu'il ne l'obtienne.

Je reviens à préſent ſur la définition du Chancelier de l'Hôpital , & j'y trouve en effet, ainſi que je l'avois prévu, les élémens d'une bonne compoſition d'Etats généraux.

Les Etats généraux ne ſont autre choſe que l'*Aſſemblée de la Nation entiere*.

L'Aſſemblée de la Nation entiere, *ſoit par elle-même , ſoit par ſes Repréſentans*.

Il faut donc 1°. que tous les citoyens de la Nation qui ont un intérêt réel à la conſervation & à la proſpérité de la Nation , ſoient appellés ; ſans quoi l'Aſſemblée qui réſulteroit d'une compoſition imparfaite ne ſeroit pas l'Aſſemblée de *la Nation entiere*.

2°. Que la Nation étant trop nombreuſe pour s'aſſembler *par* elle-même , ſon Aſſemblée *effective* ſoit ſuppléée par une Aſſemblée *repréſentative*.

Mais l'Aſſemblée ne ſeroit pas repréſentative , ſi elle ne repréſentoit pas en effet les trois ordres de la Nation dans leurs proportions reſpectives , foit à l'égard du nombre de leurs membres ; foit à l'égard de l'intérêt total de chaque ordre.

Mais fi la population de l'un des trois ordres lui donnoit une prépondérance exceffive fur les deux autres, leur influence relative devroit du moins être réglée fur leur intérêt relatif, fans quoi les Députés de chacun des trois ordres ne les repréfenteroient pas ; & une Affemblée de Députés dont l'influence ne feroit pas proportionnée aux intérêts de ceux qui les auroient envoyés, ne feroit pas une Affemblée de Repréfentans ; car la repréfentation doit être une image fidelle, une expreffion abrégée de la réalité.

Ainfi, 1°. Convocation générale de tous les intéreffés à la chofe publique,

2°. Proportion dans l'influence des Députés de chaque ordre réglée fur la mefure d'intérêt de l'ordre qu'ils repréfentent ;

Telles font les deux conditions élémentaires d'une Affemblée légitime d'Etats généraux ; conditions fans lefquelles une Affemblée quelconque ne fauroit être une Affemblée nationale, ni obtenir la dénomination d'Etats généraux.

Mais fi aucune de ces deux conditions ne fe retrouve dans la compofition des anciennes Affemblées qualifiées d'Etats généraux, & fpécialement dans l'Affemblée de 1614, comment ces ancien-

nes Affemblées , comment celle de 1614 , pour-
roient-elles fervir de modele à celle qu'il s'agit de
former aujourd'hui ?

Il eft certain qu'en 1614 (il feroit inutile, pour
la queſtion qui nous occupe , de remonter plus
loin.) Il eft certain qu'en 1614 la convocation
d'Etats fut faite par Bailliages & Sénéchauffées ;
mais ces dénominations de diftricts ne prouvent
rien par elles-mêmes , & il s'agit de favoir comment ces diftricts s'affemblerent , comment ils
députerent, fi tous les Citoyens un peu notables
de ces diftricts furent convoqués pour députer.

Je ne veux point affirmer que dans aucun de
ces diftricts il n'y eut de convocation générale de
tous les intéreffés ; que la députation fut faite
dans tous par des Electeurs envoyés feulement par
quelques Villes du diftrict , ou , pour parler plus
exactement, par les Confeils municipaux de quelques Villes du diftrict. Je n'affirmerai point ces
faits , parce que je n'en ai pas une entiere certi-
tude ; mais ce que je puis affirmer , c'eft la maniere dont la députation fe fit dans le Languedoc,
parce que j'ai eu occafion de voir les Procès-verbaux de cette députation.

Le Languedoc étoit divifé en 1614 en fix diftricts judiciaires royaux reffortiffant nuement au
Parlement de Touloufe.

C'étoient les Sénéchauffées de Touloufe , Caf-

(23)

telnaudary, Carcaſſonne , Nîmes & le Puy , &
le Gouvernement de Montpellier , érigé depuis
en Sénéchauſſée.

Les Aſſemblées des Sénéchauſſées de Touloufe,
Carcaſſonne & Nîmes , ne furent compoſées que
des Prélats , des Barons , & des Députés des
Villes qui avoient droit d'entrer aux Etats généraux de la Province ; & l'on étoit ſi perſuadé
qu'eux ſeuls avoient droit de voter pour la députation aux Etats généraux , qu'on lit dans le Procès-verbal de la Sénéchauſſée de Touloufe que le
fieur d'Olive , fyndic de cette Sénéchauſſée , ayant
repréſenté que quelques Seigneurs du diſtrict *ayant
recherché & pratiqué d'avoir lettre du Sénéchal ,
aux termes qu'il avoit écrit aux ſieurs Barons de
la Sénéchauſſée , afin de s'en prévaloir un jour
pour avoir entrée en pareilles Aſſemblées comme
Barons de ladite Sénéchauſſée , voulant par ce
moyen uſurper ce titre , il requit qu'il fût fait re-
giſtre , non - ſeulement des ſieurs Barons qui
étoient préſens à l'Aſſemblée , mais auſſi de ceux
auxquels il avoit été écrit par le ſieur Sénéchal
ſuivant l'ancienne forme , quoiqu'ils n'euſſent pas
aſſiſté à icelle , ni envoyé perſonne à leur place ,
afin qu'il apparût à l'avenir quels ſont ceux auxquels il appartient d'avoir ladite entrée , & pour
empêcher ladite uſurpation ;* ce qui lui fut ac-
cordé.

B 4

Ce fyfteme étoit d'ailleurs conforme à l'intention du Gouvernement.

On trouve dans le Procès-verbal de l'Affemblée de la Sénéchauffée de Nîmes tenue en 1649 pour la convocation des Etats ordonnée à cette époque, & qui ne fut fuivie d'aucun effet, une lettre écrite au Sénéchal de Nîmes, par le Comte de Bieules, Lieutenant-général en Languedoc, & conçue en ces termes : « Monfieur, m'ayant » été donné avis qu'en la convocation de votre » Sénéchauffée, que le Roi, par fes lettres du » XXIV Janvier paffé, vous a ordonné d'affem- » bler pour députer de chaque ordre aux Etats » généraux du Royaume, que Sa Majefté a con- » voqués en fa Ville d'Orléans au XV du préfent » mois de Mars, vous défiriez & vouliez con- » voquer toute la Nobleffe & toutes les Villes de » votre reffort pour fe trouvei en ladite Affem- » blée, fous prétexte que dans la lettre de Sa » Majefté à vous adreffante, il eft porté entre » autres chofes que vous ayez à convoquer & » faire affembler à fon de trompe & cri public, » ou autrement, ainfi que vous avierez, rous » ceux des Trois-états de votre reffort qui ont » accoutumé d'être appellés en pareil cas ; j'ai » voulu vous faire celle-ci pour vous dire que » cette lettre ayant été dépêchée, comme toutes » les autres qu'on a envoyées aux Pays d'Elec-

» tion, M. de la Vrilliere m'a écrit qu'il n'a pas
» eu connoiſſance de l'ordre & de la forme qui
» s'eſt pratiquée pour le Languedoc aux derniers
» Etats généraux tenus l'année 1614, & qu'il ſe
» ſert de celle dont il uſe pour les Provinces de
» France, où, s'il y a quelque choſe qui ſoit
» contre les ordres de cette Province, il me
» marque de le régler, & de faire ſuivre les or-
» dres & coutumes de ladite Province ainſi qu'il
» fut fait en l'année 1614. De quoi je vous ai
» voulu informer, afin qu'il vous plaiſe de faire
» la convocation de votre Sénéchauſſée *des ſeu-*
» *les perſonnes des Trois-ordres de votredit reſ-*
» *ſort qui ont droit d'entrée aux Etats géné-*
» *raux du Pays de Languedoc la préſente an-*
» *née, qui ſeuls peuvent compoſer légitimement*
» *votre Aſſemblée, tous les autres n'y ayant au-*
» *cun droit.* Et d'en uſer autrement, vous con-
» treviendriez aux intentions de Sa Majeſté, &
» aux prérogatives & priviléges de la Province,
» qui eſt Pays d'Etats, & non Pays d'Election,
» comme le ſont preſque toutes les autres du
» Royaume, &c. ».

Voilà, Monſieur, comment ſe fit la députation aux Etats de 1614 dans les trois grandes Sénéchauſſées du Languedoc.

Les Sénéchauſſées de Lauragais & du Puy, &
le Gouvernement de Montpellier, dont le terri-

toire eſt borné à un ſeul Dioceſe & à un petit nombre de Communautés démembrées, quant à la Juriſdiction, des Municipalités diocéſaines voiſines, n'admirent dans leurs Aſſemblées que le Prélat, le Baron & les Députés de la Ville principale & de la Ville diocéſaine ayant droit d'entrer aux Etats, & les Députés du petit nombre des Communautés du Diocese qui entrent dans la compoſition de la Municipalité diocéſaine.

L'Aſſemblée du Gouvernement de Montpellier, qui ne fut compoſée que des membres du Tiers-état, préſente une ſingularité qui pourroit faire penſer que toutes les Communautés du reſſort du Gouvernement furent appellées pour concourir à la députation. On y voit en effet les Conſuls des Vigueries d'Aymargues, Maſillargues, Sommieres, Sauve & Aigues-Mortes qui reſſortiſſoient au Gouvernement de Montpellier, quoique dépendantes de la Municipalité diocéſaine de Nîmes.

Je n'ai point vu le Procès-verbal de l'Aſſemblée de ce Gouvernement pour les Etats de 1614, mais j'ai vu celui de l'Aſſemblée de 1649 qui le ſupplée, parce qu'il atteſte qu'on ſuivit exactement à cette derniere époque les formes obſervées en 1614.

Or, ce Procès-verbal de 1649 atteſte en même-tems que, quoique le Diocese de Montpellier ſoit compoſé de plus de cent Communautés, on n'appella à l'Assemblée convoquée pour la députation, que les Consuls de Montpellier, & ceux des sept Villes dites *Capitales*, c'est-à-dire, des sept Villes qui entrent exclusivement dans les Assemblées Municipales diocésaines, & qu'on ne leur joignit que les Consuls des cinq Vigueries étrangeres au Diocese, mais ressortissantes à la Jurisdiction, ce que le Juge ne fit sans doute que pour le maintien de son ressort dans ces cinq Vigueries.

Mais ce qui prouve encore mieux combien cette convocation & celles qui l'avoient précédée étoient éloignées des véritables principes qui auroient dû les régler, c'est qu'en 1649 où l'on observa les mêmes formes qu'en 1614, les Consuls de Montpellier, ceux des sept Villes diocésaines & ceux d'Aigues-Mortes, se présenterent sans aucun pouvoir, même des Conseils municipaux de leurs Communautés, qu'ils alléguerent *qu'ils n'avoient pas accoutumé d'apporter procuration ou pouvoir de leurs Communautés lorsqu'ils alloient aux Assemblées du Diocese*; & que sur cette belle raison, & malgré leur défaut de pouvoir, ils n'en furent pas moins reçus à voter pour l'élection des Députés aux Etats généraux.

Telle est, Monsieur, cette forme de convocation & d'élection, si légale, si réguliere, si expressive d'un vœu commun & général, suivie en 1614 pour la nomination des Députés aux Etats généraux du Royaume.

Ici les faits parlent tout feuls , & toute réflexion feroit inutile ; car , après cela , qui pourroit croire encore que pour former une Affemblée vraiment nationale , vraiment repréfentative
de l'univerfalité de la Nation , vraiment capable
d'exprimer un vœu national ; il n'y a rien de
mieux à faire que de fuivre pour l'élection des
Députés à la prochaine Affemblée les formes ob-
fervées pour la députation aux Etats de 1614 ?

N'eft-il pas évident que l'émiffion du defir
d'obtenir une Affemblée conforme à celle de
1614, fuppofe que les détails de la convocation
de cette Affemblée confignés feulement dans des
procès-verbaux oubliés ou égarés après cent foi-
xante-quatorze ans d'intervalle , n'ont pas été
connus ; puifque ce defir feroit évidemment in-
conciliable avec cet autre defir fi légitime & fi
hautement manifefté , d'obtenir une Affemblée
régulierement convoquée & vraiment nationale ?

Il eft vrai, Monfieur , que les faits que je
viens de vous préfenter font particuliers au Languedoc ; mais s'ils prouvent que les dix-fept
cent mille individus qui peuplent le Languedoc
ne furent pas repréfentés en 1614 ; que les
Députés du Languedoc ne repréfenterent à cette
Affemblée que les membres des Etats généraux
de cette Province , & ceux des trois Adminiftrations diocéfaines , c'eft-à-dire , en tout , moins

de deux cent perfonnes, parmi lefquelles plu-
fieurs n'avoient pas même de pouvoirs des Villes
au nom defquelles ils fe préfenterent; il me paroît
fuffifamment prouvé que l'Affemblée de 1614 ne
repréfenta pas la Nation. Car chaque Province
étant une partie conftituante de la Nation, & la
Nation n'étant elle-même que la réunion des Provinces qui la compofent, on ne peut regarder
comme une Affemblée repréfentative de la Nation, une Affemblée dans laquelle une feule de
fes Provinces ne feroit pas repréfentée.

Ainfi l'Affemblée de 1614 manque évidemment de la premiere des conditions élémentaires
d'une Affemblée d'Etats généraux, qui eft de repréfenter la *Nation entiere*.

Ce premier fait ainfi éclairci, il peut paroître inutile de paffer à l'examen de la feconde
condition; car comment mettre en queftion fi la
forme obfervée en 1614 fit concourir la mefure
de l'influence avec la mefure de l'intérêt, lorf-
qu'il eft prouvé qu'une très-grande partie de la
Nation, & bien affurément la plus grande partie dans quelques Provinces du Royaume, ne fut
pas même repréfentée dans l'Affemblée de 1614?

Cependant je remarquerai que la forme de
convocation par Bailliages & Sénéchauffées femble mettre un obftacle invincible à la conferva-
tion de l'équilibre entre le poids des fuffrages &

le poids de l'intérêt , à moins que le nombre des Députés ne ſoit porté à un point exceſſif ; & cela , ſoit que la meſure de l'influence ſoit réglée ſur les proportions de population , ſoit qu'elle ſoit réglée ſur les proportions de contribution.

On voit dans la liſte des Députés à l'Aſſemblée de 1614, que le Bailliage de Gex , qui ne contient que douze mille habitans , avoit trois Repréſentans dans cette Aſſemblée , tandis que la Sénéchauſſée de Poitou , qui en contient ſix cent mille , n'y eut que ſept Repréſentans. Cependant , il eſt évident qu'en ſuivant la proportion de population , la Sénéchauſſée de Poitou auroit dû avoir cent cinquante Repréſentans , dès que le Bailliage de Gex pouvoit en avoir trois.

On voit dans la même liſte , que la Province entiere de Languedoc ne fournit que vingt - huit Députés , & que , ſur ce nombre , la ſeule Sénéchauſſée de Lauragais en fournit trois. Mais il réſulte des cadaſtres du Languedoc , que l'entier territoire de la Sénéchauſſée de Lauragais ne contribue pas pour un trentieme aux impoſitions générales de la Province. La repréſentation de Lauragais dans la députation du Languedoc n'eut donc aucun rapport à la proportion de ſa contribution , puiſque , tandis que celle-ci eſt audeſſous d'un trentieme , ſa repréſentation équivalut à près d'un neuvieme.

La même forme de convocation néceffiteroit aujourd'hui les mêmes difproportions, à moins, comme je l'ai dit, que l'Affemblée générale ne fût compofée d'un nombre exceffif de Députés.

Si en effet la convocation eft faite, comme en 1614, par Bailliages & Sénéchauffées, le moindre Bailliage doit avoir le droit d'envoyer des Députés de chacun des Trois-ordres, c'eft-à-dire, au moins un Député du Clergé, un Député de la Nobleffe, & deux Députés du Tiers-état.

Mais fi un Bailliage compofé de douze mille habitans a le droit inconteftable d'envoyer quatre Députés, la Nation entiere compofée de vingt-quatre millions d'habitans, a le droit inconteftable d'en envoyer fix mille, fi l'on prend les proportions de la population pour regle des proportions de la repréfentation.

On tomberoit dans le même excès en écartant les proportions de population, pour s'en tenir aux proportions de contribution; & la Sénéchauffée de Lauragais étant appellée à envoyer quatre Députés, le refte du Languedoc feroit néceffairement appellé à en envoyer vingt-neuf fois autant, ce qui porteroit à cent vingt perfonnes la députation de la feule Province de Languedoc.

Il ne feroit peut-être pas auffi difficile qu'on pourroit le penfer, de remédier aux inconvéniens que paroît entraîner néceffairement la convoca-

tion par Bailliages, fans tomber dans l'autre in-
convénient d'une Affemblée exceffivement nombreufe. Il ne faudroit que former dans chaque
Province des arrondiffemens d'une mefure à-peu-
près égale de contribution, car je penferois que
c'eft-là ce qui doit déterminer la mefure de l'influence dans l'Affemblée nationale.

La chofe feroit aifée dans les Pays d'Etats qui
ont leurs cadaftres généraux & particuliers; elle
ne feroit gueres plus difficile aujourd'hui dans les
Pays d'Adminiftrations Provinciales, divifés en
diftricts dont les contingens refpectifs dans les
contributions générales doivent être connus, puifqu'ils ne participent pas tous également à l'Adminiftration Provinciale de laquelle ils dépendent,
& que cette inégalité de participation ne peut
avoir eu d'autre caufe qu'une inégalité connue
d'intérêt.

Le Gouvernement peut avoir d'autres moyens
de concilier les intérêts de la Nation avec la compofition d'une Affemblée affez nombreufe pour repréfenter vingt-quatre millions de Citoyens, &
affez circonfcrite pour ne pas dégénérer en cohue.

Mais quelques moyens qu'il employe, autant
devons-nous être convaincus de la franchife &
de la juftice de fes intentions, autant eft-il certain qu'aucune des deux conditions effentielles
à une bonne compofition d'Etats généraux ne fut

obfervée

obfervée en 1614 ; autant eft-il démontré que la Nation ne fut pas *fuffifamment repréfentée* dans cette Affemblée.

J'ai ajouté, Monfieur, dans ma lettre précédente que c'eft-là en effet l'opinion générale ; & vous fentez bien que je n'entends point par-là l'opinion de quelques individus ifolés, ni même d'un grand nombre d'individus ifolés dont la plupart pourroient être peu éclairés, peu défireux de s'éclairer, peu foucieux de la chofe publique : J'entends l'opinion de la Nation exprimée par les vœux réunis des Provinces qui s'accordant à demander ou à bénir des formes d'Affemblées Provinciales, dans lefquelles chaque Province entiere eft repréfentée, & dans lefquelles chaque partie de la Province a un degré d'influence relatif à la mefure de fon intérêt, s'accordent évidemment à rejeter une forme d'Affemblée nationale, qui non-feulement n'admet aucune de ces deux conditions, mais qui en rendroit même l'admiffion impoffible.

Il ne me refte qu'à ajouter un mot fur la qualité des Repréfentans du Tiers-état, & il me femble que tout ce qu'on peut dire à cet égard fe réduit à un principe très-fimple & très-fécond.

C'eft que le Tiers-état ne peut être valablement repréfenté que par des membres du Tiersétat, qui n'ayent ni qui puiffent être légitimement ſoupçonnés d'avoir perſonnellement un intérêt contraire à celui du Tiers-état , confidéré ſoit comme un ordre particulier de la Nation , ſoit comme une partie intégrante de la Nation.

Comme ordre particulier de la Nation , il ne peut être repréſenté par un citoyen d'un ordre différent ; & il ſeroit auſſi irrégulier de voir le Tiers-état repréſenté par des Eccléſiaſtiques ou des Nobles , qu'il le ſeroit de voir le Clergé & la Nobleſſe repréſentés par des gens du Tiers-état.

Les Gentilshommes peuvent ſans doute être Conſuls des Villes & Communautés : dans quelques-unes même ils ont un droit excluſif au premier Chaperon ; dans d'autres , ils partagent ce droit avec les Avocats ; dans d'autres , avec les Avocats & les Médecins ; dans d'autres enfin , avec les Avocats , les Médecins , & les Négocians de la premiere claſſe. Mais la qualité de Conſul ne donne pas par elle-même un droit au titre de Repréſentant ; elle peut même , ſous certains rapports , devenir excluſive de ce titre : C'eſt ce que j'aurai occaſion d'examiner particulierement dans quelqu'une de mes Lettres ſuivantes.

Quant à préſent , il ſuffit qu'on convienne que la qualité de Gentilhomme eſt incompatible avec celle de Repréſentant du Tiers-état ; & il paroît que ce n'eſt plus aujourd'hui une difficulté. Auſſi je ne m'y arrête pas.

Mais pourroit - il y en avoir à l'égard des Officiers du Roi, foit de Judicature, foit de Police, foit de Finance ? Ici la queftion touche le Tiers-état, & comme ordre particulier de la Nation, & comme partie intégrante de la Nation.

Sous le premier rapport, parce que les Officiers du Roi ont des priviléges, des exemptions qui pefent fur le Tiers-état, & dont il fera queftion d'examiner la légitimité, la nature & l'étendue dans la prochaine Affemblée. Or cet examen doit-il être confié à ceux qui auront un intérêt perfonnel à défendre ces priviléges & ces exemptions, quelque probité, quelque délicateffe qu'on puiffe & qu'on doive leur fuppofer ; ce motif paroît péremptoire, & il perdroit du moins à être commenté.

Comme partie intégrante de la Nation , le Tiers-état n'a-t-il pas intérêt que les Officiers du Roi ne foient pas admis à des délibérations nationales , d'abord, par cela feul qu'ils font Officiers du Roi, & enfuite parce que la Nation peut avoir des demandes à former relativement à leurs fonctions & à l'exercice de leurs fonctions ?

Je dis , en premier lieu, parce qu'ils font Officiers du Roi, & que leur préfence pourroit gêner les fuffrages & les délibérations de l'Affemblée, ce qui feroit certainement contre l'intention du Roi qui veut connoître la vérité , & qui fait qu'elle ne peut lui parvenir que par l'organe de la liberté.

C'eſt par ces motifs que les Officiers du Roi , de Judicature , Police & Finance , ne peuvent entrer aux Etats de Languedoc & de Provence qui nous ont conſervé la tradition des droits primitifs de la Nation dans les Aſſemblées nationales , tradition qui n'en ſeroit pas moins reſpectable quand ſon origine ſeroit inconnue , parce que toutes les origines ſont obſcures , mais dont on trouve peut-être la ſource , quant à ce point particulier , dans les monumens des Etats généraux de 1356. Enfin tradition érigée en loi générale du Royaume par l'Ordonnance de Blois , qui défend expreſſément à tous Officiers de Juſtice *de prendre charge directement ou indirectement , en quelque ſorte ou maniere que ce ſoit , des affaires des Communautés. . . . . . & de s'entremettre ou empêcher aucunement des affaires d'autres perſonnes que du Roi. . . . . . ſur peine de privation de leurs charges.*

Et ſi l'on me diſoit que la députation du Tiers-état aux Etats de 1614, n'en fut pas moins compoſée d'une foule d'Officiers de Juſtice. Je répondrois qu'une contravention ne juſtifie pas un abus.

La Nation peut avoir d'ailleurs des réformes à propoſer ſur la nature & l'exercice des fonctions

des Officiers de Judicature, de Police & de Finance ; n'eſt-il pas juſte qu'elle puiſſe les propoſer
librement ? Et ſa liberté ſeroit-elle entiere , ſi
elle ne pouvoit délibérer qu'en préſence de ceux
qui ſeroient intéreſſés dans l'objet de ſes délibérations ?

Perſonne, Monſieur, n'eſt plus perſuadé que
moi des avantages que la Nation peut retirer des
Officiers de Juſtice , par exemple, pour la réfor-
mation de la Juſtice ; & j'ai perſonnellement à
cet égard des preuves de loyauté & de déſintéreſ-
ſement qu'on ne trouveroit peut-être pas dans
toutes les profeſſions. Auſſi ſuis-je convaincu que
ce ſera de la part des Juges mêmes que le Roi
recevra les lumieres les plus pures, les plus abon-
dantes, les plus propres à faciliter l'épurement
de notre légiſlation , la diſtribution de la Juſtice ,
& la deſtruction du fléau terrible & dévaſtateur
de la chicane.

On ne peut voir ſans regret la fauſſe direction
de la plupart des arrangemens imaginés de nos
jours pour procurer au peuple une Juſtice plus
prompte & plus acceſſible.

Depuis l'établiſſement des Préſidiaux , & ſurtout depuis l'ampliation de leurs pouvoirs, l'é-
tendue des Reſſorts des Cours ſouveraines n'eſt
plus un grand malheur pour le peuple qui n'a
gueres que de petits procès , parce qu'il n'a que

de petits moyens ; & à son égard , quelques divisions, quelques réunions locales suffisent pour le
rapprocher des Tribunaux auxquels il peut être
le plus souvent dans le cas de recourir.

Ce qui le foule, ce qui l'écrase , ce sont les
presses par où il est contraint de passer avant de
pouvoir obtenir une décision définitive, même
dans les Tribunaux de premiere instance. Ran-
çonné dans les avenues, dans les routes, dans
les détours ; trop souvent égaré par les guides
mêmes chargés de le conduire ; obligé de payer
d'une partie de sa subsistance chaque pas, chaque chute qu'il fait dans cette région ténébreuse
& couverte de pieges ; il y succombe le plus souvent exténué d'inanition & de fatigue , avant
d'approcher du terme dont la perspective lui a
tant coûté , & maudissant également & la confiance qui l'a trompé , & la Loi qui lui a inspiré
cette confiance.

Ces abus , ces vexations de détail, les bons
Juges les ignorent , ou ils ne peuvent y remédier,
puisqu'ils n'y remédient pas ; les indifférens dé-
daignent de s'en occuper ; malheur à ceux qui
pourroient les encourager : mais le mal est à son
comble par l'ignorance ou l'impuissance des uns ,
& par l'insouciance des autres.

C'est-là , Monsieur , qu'il faut porter la serpe
& la faulx, c'est vers cette grande réforme que la

légiſlation doit tourner ſes premiers regards : elle
y ſera puiſſamment ſecondée par les grands corps
de Judicature qui ont montré tant de zele pour
les vrais intérêts de la Nation , & qui ſeront peut-
être les premiers à demander la diviſion des Reſſorts trop vaſtes, & la multiplication des Tribunaux ſouverains. Elle ſera ſollicitée & éclairée
par les repréſentations du peuple qui ne ſauroient
être aſſez vives ni aſſez preſſantes , & qui pourroient perdre de leur inſtance & de leur vivacité ,
ſi elles étoient confiées dans la bouche de Repréſentans dont les intentions ſeroient certainement pures , mais qui pourroient craindre de
paroître s'accuſer eux-mêmes par une expoſition
trop naïve d'une foule de maux qu'ils ſe repro-
cheroient ſans doute de n'avoir pas connus.

J'ai donné quelque étendue à mes idées ſur la
qualité des Repréſentans du Tiers-état ; mais
c'eſt que je penſe, Monſieur, que c'eſt de-là que
dépendent en très-grande partie les ſuccès de la
prochaine Aſſemblée ; que le moment eſt déciſif;
& que s'il eſt manqué , il pourroit bien ne plus
revenir.

Le Tiers-état doit ſans doute de la vénération
aux Miniſtres de cette Religion ſainte qui ne reſ-
pire que la concorde & ne prêche que la charité
fraternelle : il doit du reſpect aux dignes rejet-
tons de ces antiques races de Guerriers & de

Magiſtrats (car la raiſon & l'intérêt ſocial ne connoiſſent pas deux ſources de Nobleſſe) qui, dans des tems de diſſentions & d'orages, ont défendu & ſauvé l'Etat par le ſecours des armes & des Loix. Mais ne lui eſt-il rien dû à lui ? Seul il a ſupporté juſqu'ici le lourd fardeau des charges publiques : c'eſt de ſon ſein que ſortent les Laboureurs, les Artiſans, les Artiſtes, les Fabricans, les Commerçans, les Juriſconſultes, les Médecins, les Curés des Villes & des campagnes, la plupart des Savans & des gens de Lettres : c'eſt-là que ſe recrute & s'entretient ſans ceſſe une population de vingt-quatre millions de citoyens ; c'eſt-là l'inépuiſable ſource de tous moyens d'aiſance, d'abondance, de luſtre, de proſpérité : & ſans tout cela, que ſeroit la Nation ?

Je ſuis, &c.

A   *le* 24 *Novembre* 1788.

(*P. S.*) On m'apprend qu'il paroît un nouvel écrit dans lequel on prétend que les Etats du Languedoc n'ont pas le droit de députer aux Etats généraux du Royaume, ſous prétexte qu'en 1614 la nomination des Députés de cette Province fut faite *par Sénéchauſſées* ; & que la Lettre écrite en 1649 par le Comte de Bioule au

Sénéchal de Nîmes ne prouve rien en faveur des Etats, parce qu'elle n'a d'autre fondement qu'une Lettre du Miniſtre qui étoit mal informé de ce qui s'étoit paſſé en 1614.

Les Procès-verbaux de la députation faite en Languedoc en 1614 prouvent aſſez qu'on a été abuſé, faute de connoître les faits, par la déno-mination de *Sénéchauſſées*, & que le Miniſtre étoit très-bien informé en 1649, puiſqu'il ré-ſulte de ces Procès-verbaux que les Aſſemblées des Sénéchauſſées de Toulouſe, Carcaſſonne & Nîmes, ne furent compoſées que des Prélats, Barons & Députés des Villes entrant aux Etats de Languedoc, & que les Aſſemblées des Séné-chauſſées de Lauragais, Montpellier & le Puy, n'admirent de plus que les Députés des Commu-nautés entrant aux Aſſiettes des Dioceſes de St. Papoul, Montpellier & le Puy.

Mais j'en prendrai occaſion de placer ici une obſervation qui m'étoit échappée ; c'eſt que le droit des Etats de Languedoc de députer aux Etats généraux étant prouvé, non - ſeulement par les monumens de la députation de 1614, mais encore par ceux des députations de 1588, 1576, 1560, &c., ils réclameront ſans doute ce droit, & qu'ils doivent le réclamer comme conſervateurs & gardiens du droit public & des libertés du Languedoc, objets précieux qui pourroient n'être pas affez familiers aux Députés qui feront envoyés par la généralité de la Province , & qu'on ne doit pas expofer aux rifques d'une défenfe moins active & moins éclairée qu'on n'a droit de l'attendre de ceux qui en font fpécialement chargés & qui s'en occupent habituellement.

On m'apprend encore que , dans le même écrit , le Recueil de *Rapine* eft cité pour prouver que , dans les pays d'élection , la députation fut faite en 1614 par la généralité des habitans.

J'ignore dans quel paffage de ce Recueil on a pu trouver cette preuve.

J'y lis , *page 3 ,* » le vingt - quatrieme dudit » mois , *la convocation du Tiers-état* fut faite » par ledit fieur Bailli (de Saint-Pierre-le-» Moutier) & comparurent *les habitans de la-» dite Ville de Saint - Pierre , Sancoing , la » Charité, Pouilly , Premery , Lorme , Châtel-» Chinon , Saint-Léonard , Tannay & Dormecy,* » & furent Députés *nobles hommes* , &c.

Ainfi la députation du Bailliage de Saint Pierre-le-Moutier fut faite en 1614 par les habitans de dix Villes ou Paroiffes de ce Bailliage, qui s'étend fur tout le Nivernois , & dans lequel la feule élection de Nevers eft compofée de cent foixante-deux Villes ou Villages. Il me femble que fi ce paffage prouve quelque chofe , c'eft

qu'en 1614 la députation du Bailliage de Saint-
Pierre-le-Moutier aux Etats généraux ne fut pas
faite par la généralité des habitans de ce Bailliage ; & que la généralité des habitans du Royaume ne fut pas plus confultée , en 1614 , dans
les pays d'élection que dans les pays d'Etats ,
pour l'élection des Députés aux Etats généraux
du Royaume.